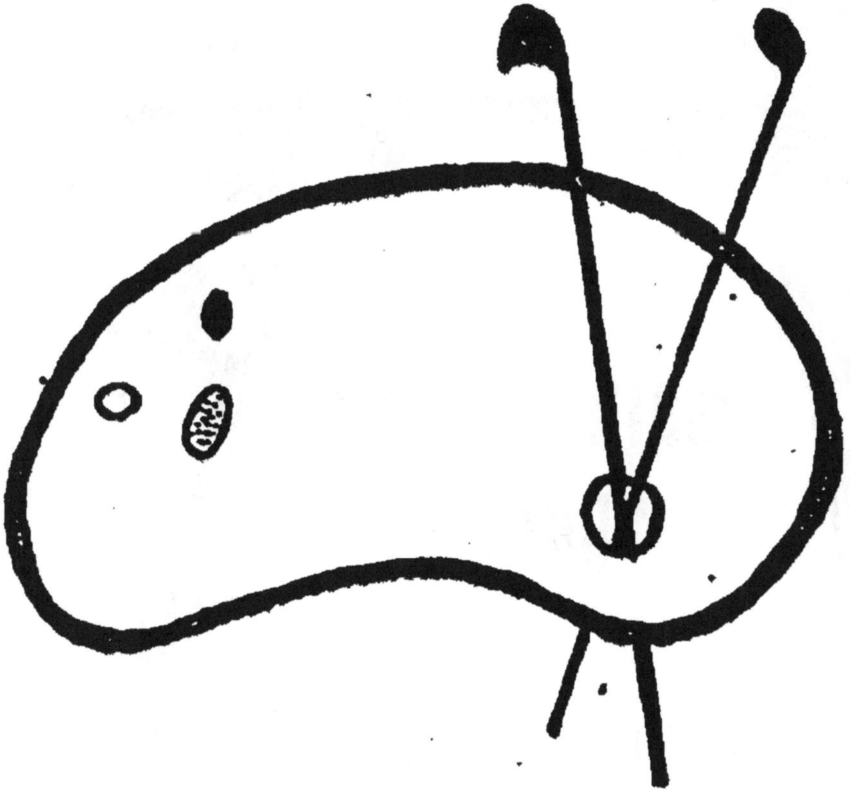

DEBUT D'UNE SERIE DE DOCUMENTS EN COULEUR

Guillaume ENRIQUEZ
Docteur en Droit
Avocat a la Cour d'Appel de Paris
Juge de Paix suppléant du X° Arrondissement

79, Rue de Dunkerque

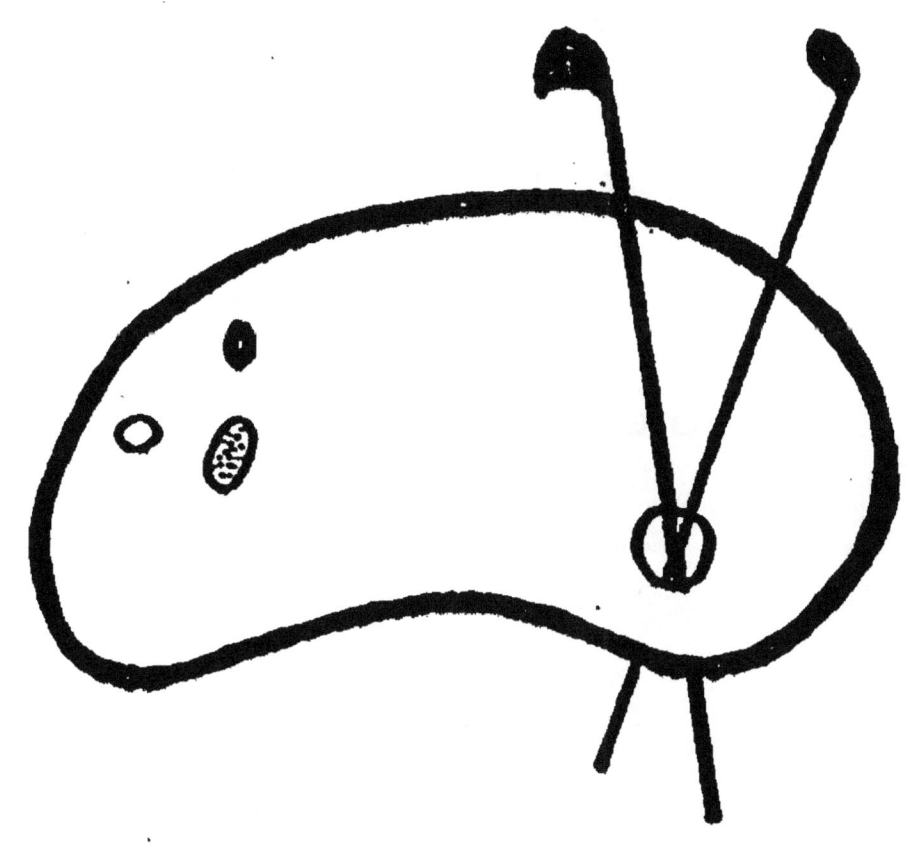

FIN D'UNE SERIE DE DOCUMENTS
EN COULEUR

LA MAIN-D'ŒUVRE RURALE

ET LE

PÉRIL ITALIEN

EN TUNISIE

par

GUILLAUME ENRIQUEZ

Docteur en Droit

AVOCAT A LA COUR D'APPEL DE PARIS

PARIS

IMPRIMERIE ROBERT, 77, Rue Rochechouart

—

1905

La Main-d'Œuvre Rurale

et le Péril Italien en Tunisie

CHAPITRE I

§ 1. — *Main-d'œuvre indigène.*

La main-d'œuvre indigène n'est pas employée en Tunisie, même pour les travaux agricoles ; et cependant le caractère de la majorité des habitants est assez doux, leurs habitudes sont stables ; ils sont travailleurs consciencieux et soumis, se conduisant convenablement et s'habituant relativement vite au maniement des outils européens et des machines agricoles même perfectionnées. Les Arabes sont intelligents ; ceux qui se sont donné la peine de travailler sont arrivés sans peine à conquérir une habileté manuelle très remarquable.

A quoi tient donc que la main-d'œuvre indigène compte si peu encore, moins qu'on ne le voudrait ?

C'est que, à côté de toutes les qualités que nous retracions tout à l'heure, l'indigène a un défaut, mais il est capital ; de plus il est en état d'infériorité vis-à-vis des ouvriers d'origine étrangère pour une cause fiscale.

A. — Son défaut, c'est d'être inconstant dans son travail ; ceci est vrai du moins de l'indigène journalier, on ne peut pas compter sur lui d'une semaine à l'autre, même pas d'un jour à l'autre, comme il est très sobre, vit de presque rien, il ne travaille que lorsqu'il ne peut faire autrement. Cette incertitude est de nature à arrêter l'employeur. Il y a toutefois à cette situation un remède, c'est de ne pas utiliser l'indigène comme travailleur à la journée et ceci se réalise grâce à un certain mode de louage d'ouvrage ou d'association de travail, dont il nous paraît utile de dire quelques mots.

a) Le premier est le contrat de Megharsa ou M'rharsa : c'est une sorte de société par laquelle l'indigène s'engage à

---

(1) V. *La Tunisie. Agr. comm., ind.*, I, p. 49 et suivantes.

faire une plantation d'arbres de rapport sur le terrain d'une autre personne, laquelle lui abandonne lorsque la plantation commence à produire, une partie du terrain, déterminée soit par le contrat passé devant notaire, soit par l'usage.

Le m'rharsi est donc l'associé du propriétaire ; il fournit le travail, les animaux, les instruments ; il a droit de faire des plantations intercalaires (fèves, notamment) dont le produit lui appartient pourvu qu'elles ne nuisent pas à la plantation. Le propriétaire lui fait les avances nécessaires, avances sans intérêts qui seront remboursées à la fin de la société (environ 8 ans après, pour les plantations d'oliviers, principalement faites de cette façon).

L'indigène qui cultive ainsi est en général un travailleur sérieux ; il a intérêt à donner tous ses soins à la propriété qu'il a charge d'entretenir, à la plantation qu'il doit créer ; car une partie lui appartiendra ; c'est pour lui la marche à la propriété. Seulement, car il faut dire toute la vérité, cette perspective n'est quelquefois qu'un rêve ; et ce contrat qu'un leurre. En effet, si dans le nord, le m'rhasi a pu faire des cultures entre ses oliviers, ce qui lui a permis de vivre en attendant le partage, dans le sud, semblable chose étant impossible à cause de la sécheresse, le m'rharsi a surtout vécu des avances à lui consenties : alors, au moment de les rendre, il est obligé de céder au propriétaire une partie quelquefois très considérable de la part qui lui revient : en un mot il est dupe de son contrat :

Et c'est ce qui explique pourquoi l'indigène n'est pas très disposé à travailler sous ce mode.

b). — A côté de ce contrat en existe un autre qui est le « Khamessa » (1).

C'est une espèce de colonat partiaire fait pour la durée d'un an, commençant le 13 octobre, prorogé de plein droit sauf dénonciation avant son expiration, contrat d'après lequel le Kammès fournit le travail et le propriétaire le reste, savoir la terre, le capital (avances et semences), le bœuf et la charrue.

Le Khammès a droit au cinquième de la récolte, le propriétaire aux quatre autres cinquièmes. Le prélèvement n'est fait qu'après défalcation de la dîme et de la nourriture des animaux nécessaires aux travaux de l'exploitation.

La récolte qui sert de base à cette répartition est une récolte moyenne : par suite dans les très mauvaises années, le propriétaire nourrit parfois le Kammès et sa famille, charge assez lourde, malgré les faibles besoins des indigènes.

En revanche, le Khammès doit faire tous les travaux nécessaires à la récolte, mais rien qu'à elle ; labours, semailles, garde des bestiaux, entretien des instruments agricoles,

---

(1) V. la Tunisie. *Agr. com. ind.*, p. 41 et suivantes.
On s'explique ainsi le nom de Khamessa donné à ce contrat, Khammès semblant vouloir dire le « cinquième » ; le propriétaire fournit quatre éléments de la production (terre, capital, bœuf, charrue) ; le Khammès le cinquième élément, travail, et la répartition se fait en proportion des éléments fournis.

irrigation, récolte, mise de grains en tas, confection des meules, etc... Il ne doit pas faire les travaux dont la trace reste après la fin de l'année, exemple : murs, abris, etc.

Si le Khammès a besoin d'argent, d'effets, de vivres, le propriétaire lui en fournit à titre de prêt : et le Khammès qui veut se retirer doit avant l'expiration de l'année agricole offrir au propriétaire le remboursement des avances à lui faites ou au moins lui en fournir caution ; faute de cela, le Khammès doit continuer ses services, à peine d'être incarcéré, tant qu'il est capable de travailler.

Il en résulte ceci : le Khammès le plus souvent est un homme qui a besoin d'une certaine somme pour payer une dette, acheter une femme, etc. ; il va trouver un propriétaire, s'engage à travailler pour lui ; à partir de ce moment, il ne peut plus quitter son maître avant de s'être libéré de cette première dette, à laquelle s'ajoutent rapidement les avances faites pour la culture (1). Il s'est ainsi créé une sorte de servage de la glèbe.

À l'apparence, il semblerait que les colons puissent profiter de ce contrat, qui oblige l'indigène à travailler, de suite, dès qu'il s'est engagé. Seulement le contrat n'a ce résultat qu'entre propriétaires et ouvriers indigènes, à cause de la menace d'incarcération. Mais, dès que l'on voulait le faire fonctionner entre colons et indigènes, voici ce qui arrivait : le Kammès passait au service de l'Européen, qui remboursait au propriétaire les avances faites par lui. Puis, notre Khammès indigène abandonnait son nouveau propriétaire sachant qu'il ne serait pas contraint de vive force à rentrer en service jusqu'à parfait paiement de ses dettes.

Les colons ont réclamé que la contrainte fût possible aussi en leur faveur, ou que l'indigène pût être poursuivi correctionnellement. La chambre d'agriculture de Tunis a émis un vœu en ce sens assez récemment (2). Il est exact que l'escroquerie ou le vol (3) puissent être parfois suffisamment qualifiés, mais nous dirons avec M. Chautemps qu'il est regrettable de considérer comme délictueuse la rupture d'un contrat

---

(1) V. Chailley-Bert, Art. cité, p. 1115, de Dianous, op. cit., p. 273 et suivantes et le décret du 13 avril 1874, dû au ministère de Khérédine, qui a codifié les obligations naissant du Khamessa.

(2) La Chambre émet le vœu : « de confier à une mission composée de magistrats et de membres de la représentation agricole, le soin d'établir une réglementation permettant de poursuivre *correctionnellement* l'indigène qui, après avoir reçu, en vertu d'un contrat de travail, des avances de son patron, se refuse à l'exécution de ses engagements et au remboursement desdites avances ». Chautemps. Rapport, p. 56.

(3) Il semble qu'il soit possible de trouver le moyen de contraindre les khammès à rembourser à leurs patrons européens les avances que les patrons indigènes ont, eux, la possibilité de récupérer. Il suffit de tenir pour ce qu'il est réellement, c'est-à-dire pour un vol, pour un délit, le fait de solliciter des avances et de refuser ensuite d'exécuter son contrat. Munis d'une législation précisant cette interprétation si conforme au bon sens, les tribunaux mixtes auraient tôt fait d'assurer le recrutement de la main-d'œuvre ; car, le jour

de travail, contrat civil. Le meilleur moyen d'éviter aux colons ces mésaventures serait d'amener les indigènes à renoncer au Khammessa (1). Mais alors nous retombons dans l'incertitude du début ; l'Arabe travaillera-t-il régulièrement ?

Ainsi ces deux contrats spéciaux peuvent dans une certaine mesure corriger le manque de persévérance du travailleur indigène. Mais ils ne sont pas susceptibles de donner de grands résultats, lorsqu'ils sont employés par les colons européens. C'est une première raison pour laquelle la main-d'œuvre indigène n'a pas pris tout le développement nécessaire, tout au moins désiré.

Mais il y en a une autre : cette deuxième cause d'infériorité vis-à-vis des autres ouvriers, est due au régime fiscal et résulte de l'impôt de la *medjba*.

La medjba est un impôt de capitation qui frappe tout sujet tunisien à partir d'environ sa quinzième année : sauf quelques exceptions assez peu nombreuses, notamment en faveur des habitants de certaines villes dont Tunis, Sfax, Sousse, Monastir, etc. Elle est payée par les indigènes résidant hors des villes, les musulmans étrangers et aussi par les noirs venus du Soudan. Le taux de la medjba, autrefois de 24 francs, est réduit maintenant à 20 francs de principal et 2 fr. 50 de frais accessoires (remise des chefs collecteurs, droit dit du receveur et timbre). Une taxe de 22 fr. 50, frappant tous les sujets mâles, est fort lourde principalement pour le petit propriétaire, déjà chargé d'autres impôts directs (1) et pour le travailleur agricole au service d'autrui, dont les salaires sont demeurés très faibles (2), et dont les difficultés de la vie matérielle sont encore aggravées du fait de certains impôts indirects tels que les mahsoulats (monopoles de divers produits). La medjba pèse donc fortement sur les indigènes : les noirs du Soudan, même, préfèrent maintenant abandonner la Régence pour se soustraire à l'impôt, privant ainsi les colons d'une main-d'œuvre à bon marché, et qui ferait participer l'indigène à la réussite des colons.

Que conclure ? Peut-on supprimer la medjba ? évidemment non. Une première solution consisterait à la faire supporter également par les villes et les campagnes, ce qui en diminue-

---

où les kammès verront qu'ils ne peuvent, sans s'exposer à une répression sévère, courir de ferme en ferme tromper les colons, ils agiront vis-à-vis des propriétaires indigènes, et ils se fixeront, sans esprit de départ, chez leur employeur». *Tunisie française*, 27 février 1905. Extrait d'un discours de M. de Carnières.

(1) Chautemps. Rapport, p. 56.

(1) Ce sont principalement : 1º le *kanoun* sur les oliviers et dattiers.
2º *L'achour* ou dîme sur les céréales (de Dianous, op., p. 161).
3º La dîme sur les huiles (de Dianous, op. cit., p. 156).

(2) Les travailleurs à la journée gagnent : les laboureurs de 0 fr. 80 à 1 fr. 20, non nourris ; les moissonneurs de 1 à 2 francs et nourris ; les travailleurs au mois reçoivent 30 francs sans indemnité, et ceux à l'année de 120 à 140 (chiffres donnés en 1899 par M. Chailley-Bert, p. 1115).

rait le taux actuel pour les ouvriers agricoles (1). Une deuxième, plus large encore, consisterait à frapper tous les habitants de la Régence, qu'ils soient sujets tunisiens ou non, ce qui rétablirait l'équilibre, actuellement rompu, au détriment des ouvriers indigènes. On donnerait ainsi un premier encouragement à cette main-d'œuvre ; mais là ne devraient pas se borner nos efforts.

La Conférence Consultative depuis longtemps s'est occupée de la constitution de la main-d'œuvre indigène, voyant en elle un excellent moyen d'endiguer le flot de l'immigration étrangère. Seulement elle s'est plutôt placée au point de vue industriel qu'au point de vue agricole à propos de la question de l'école professionnelle ; et à ce sujet elle désirait ne former que des ouvriers, et non des contremaîtres qui viendraient concurrencer d'abord les chefs d'ateliers ou de chantiers, plus tard les petits patrons français eux-mêmes (1).

Quant à la main-d'œuvre indigène agricole, elle a été très négligée pour la raison que nous avons exposée plus haut ; il faut autant que possible la favoriser par la création d'un enseignement professionnel agricole, et la diminution ou la suppression de la medjba qui constitue au profit des ouvriers étrangers une véritable prime.

Toutefois une réflexion vient à l'esprit : peut-on légitimement sous le nom de progrès, mais peut-être au fond pour des raisons politiques — écarter les concurrents étrangers —, forcer à travailler des gens qui n'en veulent rien faire, et se trouvent heureux de leur vie sobre et un peu végétative ? ?

On a pensé cependant le contraire et le parti républicain de Tunis déclare franchement : que puisqu'il n'y a pas incompatibilité entre l'Islam et la civilisation, dit un article de son journal, « il faut l'énergique intervention du pouvoir pour pousser l'Arabe dans la voie du progrès. En le contraignant à un développement que de plein gré il négligeait, la loi lui assurerait pour l'avenir une part à toutes les richesses que notre expérience et nos travaux ont rapportées à l'Europe. »

Mais voici où le bât nous blesse. « Sans compter, ajoute le même article, qu'en mettant l'Arabe à même d'exploiter, par ses propres ressources, un pays encore peu travaillé, on résoudrait la fameuse question de la main-d'œuvre étrangère » (2).

---

(1) En ce sens, M. Chautemps, rapport, p. 56.

(2) *La Tunisie française* du 11 avril 1905. « Si depuis vingt ans que nous occupons ce pays, dit le *Libéral*, nous avions procédé de la sorte, nos chantiers de construction seraient aujourd'hui peuplés d'un plus grand nombre de nos nationaux et d'indigènes tunisiens, et l'élément étranger qui, quel que soit le point de vue auquel on se place constitue une grosse menace pour l'avenir, aurait peu à peu oublié le chemin de cette terre, où il n'aurait pas trouvé à vivre. »

Et du 6 mars 1905 : « Nous n'avons rien tenté pour développer l'instruction publique, professionnelle dans cet immense prolétariat indigène, que nous laissons en proie à une profonde misère et dans lequel nous aurions pu puiser des éléments suffisants pour éliminer la main-d'œuvre italienne. »

Quoi qu'il en soit, la main-d'œuvre indigène n'est pas près de rendre de grands services aux colons, propriétaires, disons même aux colons français, puisque ce sont eux qui ont le plus besoin de main-d'œuvre pour les exploitations.

Peuvent-ils s'adresser à la main-d'œuvre française, à ceux de leurs compatriotes qui ont traversé la mer ?

§ 2. — Main-d'œuvre française.

Celle-ci est encore presque inexistante en Tunisie, et cela tient à des causes multiples ; peut-être serait-il possible d'en éliminer quelques-unes mais non les autres.

Nous pouvons les grouper sous trois chefs : causes politiques, causes économiques, causes physiques.

A) Au point de vue politique, il est certain que, jusqu'ici, les colons riches détenteurs de la terre et, en fait aussi, du pouvoir, n'ont rien fait pour favoriser l'arrivée en Tunisie des travailleurs français :

B) Au point de vue économique la question se pose sous deux aspects différents :

a) Le premier concerne le taux des salaires : leur moyenne est beaucoup plus élevée en France qu'en Tunisie. Cela tient sans doute à la concurrence que font aux ouvriers français les travailleurs italiens, et particulièrement siciliens. Et c'est justement ce qui a empêché jusqu'ici les ouvriers français de s'établir en Tunisie Tant que cette différence existera entre les salaires réclamés par les ouvriers français et ceux dont se contentent leurs collègues siciliens (1), la main-d'œuvre française sera impossible ; la colonisation française par les ouvriers français ne se produira pas ;

b) Voici un deuxième aspect de la question, moins important pour nous, qui nous occupons surtout des ouvriers agricoles : c'est l'absence de toute réglementation du travail en Tunisie

En France, une législation ouvrière toujours perfectionnée et améliorée protège efficacement les artisans dans leur vie, leurs biens, leurs intérêts économiques. C'est la loi sur les accidents du travail, obligeant les patrons à assurer tous les ouvriers ; c'est la réglementation au point de vue hygiénique des ateliers et locaux industriels, c'est l'inspection du travail ; ce sont les syndicats qui permettent à l'ouvrier de discuter librement son salaire, etc. (2).

En Tunisie, rien de semblable : l'ouvrier y est encore à la merci de l'employeur.

Ces deux premières raisons de l'inexistence de la main-

---

(1) Le *Républicain*, 19 avril 1906.
V. *infra* les raisons pour lesquelles nous préférerions ne pas voir invoquer ce motif d'utilisation de la main-d'œuvre indigène.

(2) On peut approximativement dire que l'ouvrier sicilien travaille de 12 à 14 heures pour 3 à 3 fr. 50, tandis que le Français travaille seulement 10 heures et réclame 4 à 5 francs.

d'œuvre française en Tunisie sont susceptibles d'être amoindries, comme nous le verrons ultérieurement.

C. — Mais, il reste la troisième, et celle-là est absolue et irrémédiable : c'est la raison physique.

Le climat tunisien est en effet assez rude pour le Français : en beaucoup d'endroits le pays est dépourvu d'arbres ; cela a pour résultat des chaleurs intenses et des sécheresses effroyables pendant l'été, alors que, dans l'intérieur surtout, les hivers sont souvent rigoureux. Pour en donner une idée, on peut rappeler qu'au mois de janvier 1885 (2) à Kairouan, le thermomètre descendait à 7 degrés au-dessous de zéro alors que, en juillet de la même année, on avait dans la même ville, 50 degrés à l'ombre. Ajoutez à cela que pendant l'été le manque total de pluies et d'ombrages dessèche les cours d'eau, tarit les sources, épuise les citernes. Vienne la saison des pluies ou quelques orages et les oueds se gonflent, débordent et font un lac de ce qui était la veille une plaine aride et sablonneuse (3).

Et ainsi, malgré sa double exposition maritime, la Tunisie ne connaît qu'en de rares endroits les avantages d'un climat tempéré. Il n'en faut pas conclure qu'il est insalubre ; il serait tout aussi inexact de croire que l'amplitude des variations de température soit un obstacle à la richesse agricole.

Mais on y relève les caractères particuliers du climat méditerranéen, qui comporte un nombre infini de variétés. Quoique la Méditerranée soit une mer, le climat méditerranéen est loin d'être un climat maritime.

Ces quelques réflexions suffisent pour montrer que le Français n'est pas vraiment pas « chez lui » en Tunisie, alors qu'au contraire les Siciliens retrouvent un pays où la température, les saisons sont sensiblement les mêmes que chez eux.

Voilà donc la troisième et la plus capitale raison pour laquelle l'ouvrier français n'arrivera à rien en Tunisie ; on pourra élever les salaires, réglementer le travail, on ne changera pas la nature ; la main-d'œuvre française n'existe pas, nous dirons même qu'elle n'est pas près d'exister en Tunisie.

§ 3. — *Main d'œuvre sicilienne.*

Nous disons intentionnellement sicilienne, et non italienne, car seuls les Siciliens comptent à Tunis : les Italiens du Nord, les Piémontais, sont aussi peu à leur aise avec le soleil tunisien que les agriculteurs méridionaux de France. Ce sont des seuls Siciliens donc que nous nous occuperons, au point de vue ouvrier du moins.

(1) Dr Cattan, op., p. 5.
(2) Voyez quelques autres chiffres dans l'article de M. Dubois. « La nature tunisienne » : *Revue des Sciences pures et appliquées*, 1899, p. 913.
(3) Fournel, op. cit., p. 13.

Reste alors la main-d'œuvre sicilienne.

Cette main-d'œuvre en tant que main-d'œuvre a toutes les qualités :

Elle est à bon marché, comme nous l'avons déjà dit, et à si bon marché même qu'elle a à peu près entravé la main-d'œuvre française. Ajoutez à ce fait que l'Italien se contente de peu, que ses compatriotes patrons en profitent pour l'exploiter à outrance (1), augmentant encore les bénéfices qui résultent pour eux des faibles exigences de leurs ouvriers.

Cette main-d'œuvre en second lieu est excellente : elle seule peut permettre aux colons de faire prospérer leurs affaires, et il n'est pas rare d'entendre un colon dire : « Si nous n'avions pas d'ouvriers siciliens, nous n'aurions plus qu'à plier bagages » (2).

C'est que le Sicilien, travailleur consciencieux et courageux, ne recule pas devant la besogne ; très sobre, il économise, afin de devenir aussi propriétaire.

Mais surtout sa qualité, c'est de supporter facilement un climat qui, à peu de chose près, est le même que celui de son pays natal.

Ce fait a déjà été constaté lors des débuts de la colonisation en Algérie : pour l'exécution des travaux publics, les Siciliens supportaient mieux que nos compatriotes les chaleurs du jour, travaillaient avec moins de mollesse, allaient moins souvent à l'hôpital (3).

Seuls, parmi les Européens, les Italiens ou les Espagnols peuvent, sous un soleil de feu, se livrer inopinément à une besogne de défrichement ou de terrassement (4), exécuter des travaux pénibles et de longue haleine : « Sous les froides pluies d'hiver ou sous les ardeurs du soleil d'été, dit M. Loth, le terrassier sicilien travaille avec la même énergie patiente ; même quand souffle le brûlant siroco, il n'interrompt pas son effort, se contentant de temps en temps d'essuyer son front mouillé de sueur, de boire un peu d'eau à la cruche placée près de lui. Dix heures durant, il manie le pic ou la sape et accomplit sa rude besogne de pionnier. Ce sont ces terrassiers qui ont défriché la plupart des domaines ruraux exploités par nos compatriotes en Tunisie » (5).

Mais l'Italien est aussi bon planteur que défricheur ; le propriétaire l'emploie assez fréquemment, non directement

---

(1) « C'est ainsi qu'on avait vu des ouvriers maçons italiens accepter de fournir un travail de plus de quatorze heures pour une somme ne dépassant pas quatre francs et n'atteignant pas quelquefois trois francs. Le paiement des salaires étant effectué en jetons et ces jetons étant acceptés par les cantines de l'employeur celui-ci reprenait à l'ouvrier d'une main, ce qu'il lui avait versé de l'autre ». Coirat, op., p. 11.

(2) V. Cattan, op. cit., p. 11.

(3) De Baudicour. La colonisation en Algérie; ses éléments, p. 173; cité par Loth.

(4) Chautemps. Rapport, p. 45.

(5) Loth. Le peuplement italien en Tunisie et en Algérie, p. 143.

mais indirectement par l'intermédiaire d'un entrepreneur avec lequel il traite à forfait (1).

Défricheur ou planteur le Sicilien s'accommode volontiers des besognes de la ferme ; on lui adjoint quelquefois des nègres du Soudan, il est le vigneron habituel.

Quant à sa vie, selon l'habitude sicilienne, « il passe la semaine au domaine, laissant à Tunis sa famille qu'il revient visiter le samedi soir pour la quitter de nouveau le lundi matin. Il vit très économiquement, couchant à la ferme sous des hangars, dans la paille ou sur la terre battue, se retirant dans un coin pour faire cuire le macaroni, mangeant quelques herbes et buvant de l'eau. A la ville, la femme est blanchisseuse, couturière, fait quelques ménages. Quand son gain s'ajoute à celui du mari, tout le monde vit tant bien que mal, mieux à coup sûr que dans les latifondi de la Sicile » (2).

A cette main-d'œuvre permanente s'ajoute celle qui se produit au moment des grands travaux : moissons, vendanges, taille de la vigne, il débarque alors de nouveaux Italiens qui s'en vont dès que ces travaux sont terminés et qui font en Tunisie ce que les Belges viennent faire en France aux mêmes périodes.

Telle est en résumé cette main-d'œuvre : excellente, bon marché, seule capable ; et cependant on la combat au nom d'un patriotisme effarouché ; on veut voir en elle ce qu'on se plaît à appeler « le péril italien ».

Est-ce là une chimère ? Est-ce un simple épouvantail qu'on agite pour se faire de la réclame, sorte de nationalisme transplanté en Tunisie et savamment approprié à son climat et à son ambiance ? (3). Est-ce là au contraire, quelque chose de réel ? C'est ce que nous devons examiner maintenant.

---

(1) Par exemple, pour un terrain à planter en vignes, pour trente hectares, il faut une équipe d'une soixantaine d'hommes. Le *caporale* reçoit 0 fr. 05 par trou de 0 m. 50 sur 0 m. 50, et par pied planté, recomblage compris, et paie à ses manœuvres les plus habiles un salaire de 4 francs, au gros de la troupe 3 francs ou 3 fr. 50, à raison de 0,02 par trou. Il vit ainsi aux dépens des ouvriers sans leur être d'une utilité bien appréciable. Loth, *op. cit.*, p. 144.

(2) Loth, *op. cit.*, p. 415.

(3) Colrat, *op. cit.*, p. 17.

CHAPITRE II.

LE PÉRIL ITALIEN

Nous allons ici essayer de résumer la question, ne voulant pas nous engager dans les détails trop nombreux ni faire intervenir plus que de raison les luttes politiques.

Toutefois il faut bien dire que c'est surtout le parti agrarien qui, bien que profitant personnellement de l'existence des Siciliens en Tunisie, dénonce le péril italien, et cela au double point de vue politique et économique. Il semble, en faisant cela, digne d'éloges, et il paraît lutter ainsi pour la cause de la patrie contre ses intérêts politiques et même contre ses intérêts matériels.

Mais il n'est peut-être pas inutile d'ajouter qu'il sait pertinemment, même quand il réclame si fort, que ses réclamations seront toutes platoniques, et de nul effet : dès lors, les louanges que nous étions tentés de lui adresser étaient peut-être prématurées.

Quoi qu'il en soit, nous devons examiner les arguments par lesquels on prétend qu'il y a un « péril italien », et cela sous les deux aspects : politique et économique.

§ 1. *Aspect politique de la question.* — L'arrivée en Tunisie d'immigrants siciliens sans cesse croissant en nombre menacerait d'italianiser la colonie, et préparerait même un rattachement ultérieur au royaume péninsulaire.

Pour démontrer cette affirmation on fait appel à la statistique et aux faits.

La statistique révèle d'une part une masse très imposante d'Italiens en Tunisie, situation d'autant plus dangereuse que la population française est de beaucoup inférieure en nombre.

On a parlé de 100.000 et 120.000 Italiens installés dans la Régence (1) ; ces chiffres sans être très éloignés de la vérité nous paraissent cependant exagérés. D'après M. Loth (2), il y aurait, eu à la fin de 1903, 80.000 Italiens.

Si on y ajoute les émigrants débarqués en 1904, on arrive en tenant compte des départs, chose qui n'est pas très aisée.

---

(1) *La vie catholique*, 8 janvier 1904 et la *Politique coloniale*, citées par Loth, op. cit., p. 87.

(2) Loth, op. cit., p. 87.

au chiffre d'environ 90.000 Italiens au 1ᵉʳ janvier 1905 (1). En face d'eux se trouvent tout au plus 28.000 ou 30.000 Français (2).

Du rapprochement de ces deux nombres, certains arrivent à se demander si la présence de tant d'étrangers (aux 90.000 Italiens il faut adjoindre 12.000 Maltais et 3 à 4.000 Européens autres que des Français), sur un sol où nos nationaux sont en si petit nombre ne constitue pas un danger, sinon pour notre domination en temps de guerre, mais même pour notre civilisation en temps de paix ? « Par leur seule masse ils peuvent étouffer moralement la poignée de Français qu'ils enserrent, répandre dans les milieux indigènes la connaissance de leur langue de préférence à la nôtre, et faire tourner à leur profit tous les sacrifices que nous avons faits pour occuper et régénérer le pays. On accusait le gouvernement de Louis XV de travailler en Europe pour le roi de Prusse.

La troisième République aura-t-elle travaillé en Afrique pour le roi d'Italie ? » (3).

Les faits, dans la thèse que nous exposons, viennent corroborer ces indications et donner un corps à ces craintes.

L'italianité existe ; elle est soigneusement tenue en haleine par des groupements de toutes sortes : c'est la chambre de commerce italienne (4) et la banque coopérative (5) et aussi les écoles ; ce sont des sociétés variées à l'infini (6), notamment la société des anciens militaires ; et tous ces groupements profitent des moindres anniversaires patriotiques italiens pour se livrer à des manifestations sans nombre. Dans cet ordre d'idées, toute réjouissance publique devient prétexte à la formation d'un grand cortège, avec drapeaux et musiciens habillés d'uniformes militaires italiens. « On cherche visiblement ainsi, dit M. Loth, à frapper l'imagination des autres européens et des indigènes musulmans ; on veut prouver que l'Italie conserve encore dans la Régence une situation privilégiée. »

Cette italianité, si bien entretenue, risque de devenir de

---

(1) *La Dépêche Tunisienne*, nᵒ du 4 mars 1905. M. Louis Tercenay (*La Tunisie au début de 1905*, p. 20) trouve un chiffre plus élevé. « Les statistiques officielles accusent la présence à la fin de 1905 de 86.560 Italiens ; mais il faut y ajouter 10.000 autres qui échappent au recensement parce qu'ils ont débarqué clandestinement ou qu'ils sont nés sur le sol tunisien. »
(2) Chautemps, *Rapport*.
(3) Tercenay, *op. cit.*, p. 21.
(4) Voy. pour plus de détails, Loth, *op. cit.*, p. 339.
(5) Voy. sur la création et le fonctionnement de cette banque, Loth, *op. cit.*, p. 343.
(6) Sociétés de secours mutuels, sociétés de bienfaisance, sociétés d'immigration italienne, sociétés de gymnastique, etc. La société des anciens militaires « *Società patriottica dei militari in congedo* » fit même parler d'elle à la tribune du parlement français. Mais notre ministre rassura les esprits, en déclarant qu'elle faisait plus de bruit que de besogne (Chambre des députés ; séance du 8 février 1904). Voy. Loth, *op. cit.*, p. 350 et suivantes.

plus en plus dangereuse, ajoutent les craintifs de la Tunisie : les Italiens débarqués commencent à s'implanter sur le sol ; d'ouvriers ils deviennent propriétaires ; ce n'est plus une population en quelque sorte nomade et sans attache, qui va et vient de Sicile en Afrique et d'Afrique en Sicile ; c'est un peuple qui prend racine sur le sol où il s'établit. Le domaine des Italiens s'accroît chaque année d'un nombre d'hectares assez notable et plus vite, proportionnellement, que le domaine français. En outre les propriétaires italiens sont relativement beaucoup plus nombreux que nos compatriotes ; ce sont eux qui forment presque entièrement la petite colonisation. Or, c'est à la petite colonisation qu'appartient l'avenir : c'est elle qui sera la force : il est donc fâcheux de la voir représentée presque uniquement par des étrangers.

Tel est succinctement résumé, le raisonnement par lequel on soutient qu'il y a péril italien au point de vue politique (1).

Réfutation. — Ce raisonnement n'est pas très solide, et il est possible, croyons-nous, de détruire cette légende du péril italien au point de vue politique.

Nous ne contesterons pas les données statistiques : elles sont exactes, ou à peu près ; mais nous nous montrerons plus précis au sujet de l'italianité.

Il faut, ici, faire une distinction de la plus haute importance, et sur laquelle on ne saurait trop insister ; il existe en Tunisie deux classes d'Italiens.

D'une part, il y a la classe bourgeoise, aisée, dite des *professionisti*, composée des avocats, médecins, professeurs, et aussi des banquiers pour la plupart originaires de la Péninsule et souvent de religion israélite, ceux qu'on appelle les Livournais. C'est à cette classe que sont dues toutes les manifestations italianistes.

D'autre part, il y a la classe des ouvriers, pour la plupart Siciliens, les *popolani*, et même les petits commerçants : ceux-là se soucient moins des fêtes italiennes que des fêtes françaises ; et ils se mêlent très volontiers à nos compatriotes, lors du 14 juillet, par exemple (2).

Cette italianité est donc moins vivace qu'on ne le croit : les Italiens de la petite classe se francisent peu à peu, et cela leur est facilité par ce fait qu'ils sont moins de leur royaume que de leur province (3). Quoi d'étonnant alors à ce qu'ils

(1) C'est sans doute pour satisfaire à ces idées qu'ont été prises depuis deux ans un certain nombre de mesures, plus ou moins vexatoires pour les Italiens et sur l'utilité desquelles il est permis de discuter. Nous citerons entre autres : 1° mesures prophylactiques contre les ouvriers, par suite desquelles les ouvriers siciliens débarquant restent entassés sur les quais sans pouvoir aller en ville, avant par exemple d'avoir été vaccinés; 2° obligation pour les médecins et avocats italiens de présenter des diplômes français pour pouvoir exercer leur profession dans la Régence ; 3° droit pour l'autorité d'expulser tout Italien du territoire tunisien, sans indiquer les motifs par simple mesure administrative.

(2) V. sur tous ces points Loth., *op. cit.*, p. 316 et suiv.

(3) Interrogez un ouvrier sicilien, et demandez-lui s'il est Italien. Il répondra presque toujours « *Sono Siciliano* », c'est-à-dire, moi, je suis Sicilien.

prennent goût au pays qui les fait vivre, et cela d'autant plus qu'ils y vivront mieux ?

Loin d'être un mal, l'acquisition de la propriété par les Italiens les attachera au gouvernement qui leur aura permis de sortir de la misère ; ils lui en seront reconnaissants un jour ou l'autre ; ils deviendront Tunisiens d'abord et, si nous les y aidons, au lieu de chercher à leur créer des ennuis, ils seront Français ensuite. La réforme consistera dans une réorganisation des écoles, et dans certaines facilités accordées pour la naturalisation : nous nous occuperons de ces deux points un peu plus loin.

Ces données sont confirmées par l'étude des raisons qui ont poussé les Siciliens à quitter leur pays : Elles sont entièrement d'ordre économique ; trop nombreux pour la surface qu'ils occupent, ils sont chassés de leur sol natal par une misère effroyable, qu'accroissent encore les rigueurs du fisc : celui-ci perçoit en effet ses droits même dans les mauvaises années ; de sorte qu'il ne reste plus au paysan sicilien qu'une ressource : abandonner sa terre qui ne peut le nourrir et pour laquelle on lui réclame encore des impôts. On comprend, dès lors, que le Sicilien sera tout disposé à s'attacher au gouvernement qui le tirera de cette situation pénible et à la terre qui voudra bien lui permettre de vivre (1).

Voilà l'aspect politique de la question italienne, plaçons-nous maintenant au point de vue économique.

§ 2. — *Aspect économique de la question*

Le danger, ici, résiderait dans la suppression de la main-d'œuvre et, partant, de la colonisation française. Nous avons déjà parlé de cela en étudiant les différentes mains-d'œuvre à la disposition des colons.

C'est le moment d'y revenir, en indiquant la voie dans laquelle seront obligés de s'engager ceux qui voudraient absolument faire triompher la main-d'œuvre française.

En s'attaquant aux causes économiques de son inexistence, on voudrait les faire disparaître : nous allons nous placer à ce point de vue en étudiant la question des salaires, des syndicats et de la législation ouvrière.

Salaires. — Syndicats. — Législation ouvrière. — Il semble au premier abord que ces questions n'intéressent que très peu les ouvriers agricoles, mais, en y réfléchissant, on s'aperçoit vite que les salaires des hommes adonnés aux travaux des champs suivent ceux des travailleurs industriels, et surtout des manœuvres de la dernière catégorie, tels que les terrassiers. L'augmentation des uns entraîne par sympathie celles des autres ; tout changement un peu important dans la situation des travailleurs urbains a sa répercussion sur celle des travailleurs des campagnes. Il n'est donc pas inutile de nous arrêter quelques instants sur tous ces points.

---

(1) V. Loth. *Op. cit.*, pages 14 et suivantes, pages 63 et suiv.

Il faut remarquer également que nous allons ici nous placer au point de vue économique et faire abstraction des sentiments politiques et de l'esprit de parti : sans quoi il serait assez malaisé d'accorder, par exemple, les idées du parti agrarien sur le péril italien et certains moyens de le combattre, que nous allons exposer, tels que la création de syndicats internationaux, moyen qui pour être efficace n'est sans doute pas pour plaire aux prétendus patriotes tunisiens.

Voyons bien la situation actuelle : les ouvriers siciliens, se contentant d'un maigre salaire, empêchent les ouvriers français, plus exigeants, de trouver et même de chercher à trouver du travail dans la Régence.

Les partisans de la main-d'œuvre française en Tunisie, ceux qui croient de leur devoir d'attirer dans la Régence des ouvriers et des artisans français se rendent bien compte que ces Français ne se fixeront dans la colonie que dans la mesure où ils auront la vie assurée. En second lieu, nos compatriotes sont travailleurs, mais ils n'aiment pas à se lancer dans le vide, et s'ils ne franchissent pas davantage la Méditerranée, c'est que sans doute ils ne se sentent pas suffisamment soutenus par la législation existante, surtout en ce qui concerne la protection du travail, législation qui fait absolument défaut d'ailleurs pour tous les ouvriers, à quelque nationalité qu'ils appartiennent.

I. — *Moyens d'attirer la main-d'œuvre française.* — Sur le premier point, pour permettre aux ouvriers français établis en Tunisie d'y vivre, on a proposé dans les partis les plus opposés des remèdes dont l'esprit est également très différent.

a). *Réserver certains travaux à la main-d'œuvre française.* — Les uns sont partisans, par exemple, de réserver les travaux de l'État ou de l'administration française aux seuls entrepreneurs français et encore on ajoute qu'ils seront tenus de composer leurs équipes avec proportion déterminée d'ouvriers français.

C'est ainsi que dans la pratique, à la suite de vœux exprimés par la conférence consultative, les travaux de cet ordre sont réservés à des entrepreneurs français ou tunisiens, que des primes sont accordées pour l'emploi de la main-d'œuvre française, que les représentants, gardiens, surveillants de l'entrepreneur doivent être de nationalité française ou tunisienne (1).

C'est également dans ce même but qu'on a imposé aux entrepreneurs sur les chantiers de l'État une proportion de 20 % d'ouvriers français. « On pourrait peut-être obtenir, ajoute un représentant du parti agrarien, qu'elle soit portée à 30 %. De plus, par exemple, dans le service du Génie, la main-d'œuvre française est encore rare : on pourrait également demander que sur les chantiers du Génie il soit fixé à un minimum de 40 à 50 % de main-d'œuvre française » (2).

(1) Note lue à la Conférence Consultative par le directeur des travaux publics, 27 mai 1904. Journal *La Tunisie française* du 6 janvier 1905.

(2) Discours de M. Régis-Petit au Syndicat des ouvriers français du bâtiment (*Tunisie française*, 6 mars 1905).

Mais la même note est donnée par le *Républicain*, journal radical qui déclare :

« L'ouvrier français doit pouvoir vivre et prospérer en Tunisie. Le Gouvernement Tunisien, qui est aussi Français, doit donc faire tous ses efforts pour protéger et aider nos compatriotes ouvriers qui viennent chercher du travail en Tunisie. Il ne doit pas se contenter de les envoyer au bureau de bienfaisance et de leur donner un billet de rapatriement.

« Si l'État exigeait, dans les travaux qu'il fait exécuter, l'emploi exclusif de la main-d'œuvre française, les ouvriers français arriveraient nombreux dans la Régence... Je me hâte d'ajouter, ajoute le publiciste signataire, que cette mesure serait trop radicale... Je veux simplement émettre cette opinion que, si le gouvernement *voulait*, il pourrait, par certaines mesures, augmenter l'immigration des Français en Tunisie. Donc, point de main-d'œuvre exclusivement française, mais seulement un tant pour cent juste et raisonnable... Une adjudication vient d'avoir lieu au sujet des travaux nécessités par l'agrandissement du bâtiment de la Direction générale des Finances. Le minimum de main-d'œuvre française à employer sur les chantiers a été fixé à 20 %, avec prime de 1 fr. 50 par ouvrier et 0 fr. 50 par manœuvre. C'est déjà un progrès, mais l'État pourrait encore augmenter le quantum de Français et élever le chiffre de la prime... » (1).

D'autres vont encore plus loin, et voudraient même que les fonctionnaires qui se font construire des villas donnent eux-mêmes le bon exemple en ne s'adressant pas à des Italiens, et favorisent ainsi la main-d'œuvre française, non seulement dans l'exercice de leurs fonctions, mais encore et surtout lorsqu'ils font acte de particuliers. « Ce serait, disent-ils, commettre une grave erreur que de faire deux parties de la vie de fonctionnaires et d'admettre que ceux-ci puissent contredire dans leurs affaires privées l'attitude que leur impose leur action officielle (2).

Ces simples mesures ne donnent pas la solution à la question : elles ne sont qu'un palliatif, bien faible encore, et acheté bien cher : c'est, en effet, l'État, c'est-à-dire le contribuable, qui en supporte les frais, les travaux exécutés dans les conditions ci-dessus revenant à un prix singulièrement plus élevé. Enfin ces mesures, tout exceptionnelles ne donnent du travail qu'à un nombre relativement infime d'ouvriers français, et n'empêchent pas que le particulier qui veut se faire construire un immeuble ne s'adresse à un entrepreneur italien qui lui montera sa maison à meilleur compte qu'un de nos compatriotes.

b). *Élever le taux des salaires en organisant des syndicats internationaux.* — D'autres esprits ont pensé qu'on obtien-

---

(1) Le *Républicain* du 26 février 1905. Sous la signature de Paul Lambert.

(2) *Tunisie française*, 12 avril 1905.

drait quelque résultat plus appréciable en organisant des syndicats internationaux.

L'ouvrier italien se contente d'un salaire peu élevé, d'abord parce qu'il est peu difficile, qu'il est satisfait assez vite de son sort, et aussi parce qu'il est affamé ; il lui faut accepter les conditions que lui imposent ses compatriotes entrepreneurs, qui, il faut le dire, l'exploitent indignement.

Si l'ouvrier italien était mieux instruit de ses droits, s'il était mieux armé pour la lutte, s'il était syndiqué et pouvait ainsi défendre plus vigoureusement son salaire, il obtiendrait sans doute une rémunération plus élevée, la concurrence qu'il fait à nos compatriotes serait moins considérable, et la plus grande habileté des nôtres pourrait, pour certains travaux, compenser la différence du salaire qui subsisterait encore.

Ceci dit, on fait à l'organisation des syndicats des critiques ou des objections qui ne cadrent pas toujours très bien avec les doctrines générales de ceux qui les font.

C'est ainsi que les représentants du parti agrarien voient dans les syndicats de multiples dangers.

A. — D'une part, l'élévation des salaires sera nuisible au développement de la colonisation. En d'autres termes on nous dit ceci : « La présence de la main-d'œuvre à bon marché est la source de gros bénéfices pour les capitalistes français : vouloir modifier cet état de choses par l'introduction d'une main-d'œuvre qui aurait plus de prétentions, c'est porter atteinte au développement économique de la Régence. »

Cette première objection ne tient pas debout : si l'on veut avoir une main-d'œuvre française, il faut élever les salaires ; si cette élévation doit nuire à la colonisation, il faut y renoncer, et en même temps renoncer à attirer des ouvriers français.

Il ne faut pas accuser d'abord les ouvriers italiens de se contenter d'un vil salaire et d'être ainsi la cause de la rareté en Tunisie des ouvriers français qui, ayant plus de besoins, ne peuvent plus travailler pour la même rétribution ; et puis, le jour où les travailleurs péninsulaires se réunissent à leurs camarades des autres nationalités pour s'élever au niveau du prolétariat européen, après leur avoir fait un grief de se contenter d'un salaire dérisoire, se déclarer les adversaires irréductibles des nouvelles organisations en voie de formation (1).

C'est là un dilemne inéluctable : il faut choisir entre ces deux partis, et non pas réclamer le peuplement français

---

(1) Colosio. *La grève générale et l'organisation ouvrière à Tunis*. Novembre 1904, p. 9 et 15. Ce même auteur, attaquant directement certain parti, ajoute avec beaucoup de raison : « N'y a-t-il pas contradiction flagrante entre les théories utilitaristes de ce parti politique, et le langage de ses porte-paroles, lorsqu'ils disent qu'ils veulent améliorer le sort des travailleurs français? Comment le prolétaire français se décidera-t-il à venir en Tunisie et travailler pour le compte de ceux de ses compatriotes qui ne veulent employer qu'une main-d'œuvre à très bon marché? »

— 19 —

pour s'opposer en suite à ce qu'on peut faire pour le favoriser.

B. — D'autre part, cette élévation de salaires profitant à des étrangers d'habitudes sobres et économes, leur permettra, dit-on, d'envoyer dans leur pays d'origine une partie de ce qu'ils auront épargné, privant ainsi la Tunisie et ses commerçants des bénéfices qu'ils pourraient espérer tirer d'une augmentation des prix de la main-d'œuvre.

Cette deuxième objection est d'apparence plus sérieuse ; l'envoi en Italie d'une partie des gains faits par les ouvriers italiens est même une des formes sous lesquelles on a envisagé « le péril italien » (1). Nous ne croyons pas que ce prétendu drainage des capitaux soustraits à la colonie soit bien dangereux ; en tout cas nous ferons observer qu'actuellement les bénéfices réalisés par les entrepreneurs italiens, grâce au taux peu élevé des salaires, peuvent également traverser la mer, et si cela est, la situation ne sera pas changée, avec l'élévation des salaires : les expéditeurs seuls ne seront plus les mêmes ; les envois ne seront pas plus considérables. Bien plus, ils deviendront peut-être moins importants, chacun sachant pertinemment qu'il est plus aisé à vingt personnes de dépenser une petite somme individuellement, qu'à une seule de dépenser la réunion de ces vingt petites sommes. En ce sens, on peut affirmer, avec quelque vraisemblance, que l'augmentation des salaires sera fatalement suivie d'une augmentation de besoins, donc de dépenses. De cette façon, le supplément de salaires que toucheront les ouvriers italiens restera dans le pays et constituera un appoint important pour le petit commerce (2).

C. — En troisième lieu ceux qui s'opposent aux syndicats internationaux viennent affirmer que les étrangers achèteront des terres cultivables, constituant là un danger nouveau pour la création de centres italiens (3). Nous avons déjà répondu par avance à cette objection. Le jour où les Siciliens

---

(1) On lit dans la *Tunisie Française* du 24 octobre 1903 à propos de l'ouvrier sicilien : ses très réelles qualités de sobriété et d'économie deviennent elles-mêmes, des inconvénients pour la collectivité. Ouvrier, il ne dépense rien ; l'argent qu'il gagne est envoyé en Sicile. Peu de pays ont, relativement à leurs ressources, produit autant de grands travaux publics que la Tunisie dans les derniers vingt ans ; eh bien ! des millions dépensés, il n'est rien resté dans le pays parce que la main-d'œuvre employée a été surtout étrangère ». Voir également là-dessus, Loth, *op. cit.*, p. 163 et suivantes.

(2) Journal *Le Républicain*, 16 janvier 1905.

(3) Et cependant nous lisons dans la *Tunisie Française* du 24 octobre 1904.

« Le Sicilien devient-il propriétaire, La plupart du temps n'ayant pas de ressources, il achète à enzel d'assez mauvaises terres pour lesquelles il paye une rente trop forte. Comme il cultive mal un sol médiocre, il obtient peu de récolte. Il en est bientôt réduit à hypothéquer son petit domaine et ne parvient même pas toujours à payer les intérêts de l'argent qu'il a emprunté.

Il y a des exceptions, j'en conviens ; mais, d'ordinaire, les centres de colonisation sicilienne sont très pauvres et n'apportent aucun élément sérieux au commerce tunisien. »

seront propriétaires en Tunisie, ils seront bien près d'être Tunisiens, presque Français.

D. — Mais, voici une autre objection : Si les syndicats sont internationaux, l'élément français en minorité y sera noyé. A cela le remède paraît simple : c'est de donner aux seuls Français, la direction des syndicats, en les obligeant à n'avoir que des bureaux exclusivement français (1) et malgré ce qu'on en a dit (2), cette précaution nous paraît devoir être suffisante.

Surtout, il faudrait bien se garder de se laisser entraîner dans la voie restrictive, et de ne permettre l'entrée des syndicats qu'aux seuls Français, même de refuser aux étrangers le droit de se syndiquer (3).

Sans faire intervenir ici les raisons de pur principe, comme l'universalité du droit d'association pour tous les travailleurs, l'adoption de syndicats restreints à nos seuls compatriotes serait une mauvaise chose, puisqu'elle n'aboutit pas à ce que l'on cherche, c'est-à-dire à l'élévation des salaires italiens.

Il n'est pas malaisé de comprendre, en effet, que le patron, de quelque nationalité qu'il soit, qui emploie ses capitaux pour réaliser le plus de bénéfices possibles, n'hésitera pas entre un ouvrier français qui aura plus de prétentions et un ouvrier étranger. Ce dernier sera préféré, puisqu'il continuera, n'étant pas syndiqué, à s'offrir à un salaire inférieur. La liberté syndicale, accordée aux seuls travailleurs français, irait à l'encontre de leurs intérêts (4).

---

(1) En ce sens, *Le Républicain* du 9 janvier 1905.

(2) Par exemple la *Tunisie Française*, 8 mars 1905 : « Un syndicat international, même avec un bureau français et avec la précaution de ne donner aux étrangers dans chaque voie qu'un nombre de voix égal à celui des Français présents, ne pourra jamais avoir un fonctionnement normal, en raison de l'inégalité de droits existant entre les membres d'un même groupe. Quoi qu'on dise et quoi qu'on fasse, le nombre est le nombre et, à défaut de votes exprimés, il produira une pression tout au moins morale, à laquelle nos compatriotes ne sauront indéfiniment se soustraire. »

(3) C'est ce que demande la *Tunisie Française*, 18 mars 1905 : « En l'état actuel, nous ne voyons de possible et d'admissible que des syndicats français, dans lesquels on pourrait à la rigueur admettre les travailleurs indigènes tunisiens, musulmans et israélites, s'il s'en présentait, avec garanties contre les dangers — pour le moment hypothétiques — que leur supériorité numérique serait susceptible de créer au point de vue du dernier mot qui doit, en toutes circonstances, rester à nos nationaux.

Restent les travailleurs étrangers : dès l'instant qu'ils ne sont pas admis à se syndiquer avec des Français, doit-on leur permettre de créer des groupements particuliers ?

Nous répondrons hardiment : non ! Rien dans les traités passés avec les puissances étrangères ne nous oblige à donner l'autorisation à des groupements non Français, et nous serions bien naïfs d'entrer dans cette voie. Il existe une société ouvrière italienne dont l'existence légale a été sauvegardée par le protocole III du traité franco-italien du 28 septembre 1896 ; que les ouvriers italiens s'y affilient, c'est leur droit, et cela doit leur suffire ».

(4) Colosio, *op. cit.*, p. 11.

D'ailleurs *Le Promeneur*, journal tunisien, fondu depuis avec la *Tunisie Française*, faisait le 30 janvier 1904 tenir aux patrons français le langage suivant :

« Nous consentons à augmenter nos prix, mais à une condition : c'est que tous nos concurrents italiens, maltais et indigènes, en feront autant. »

« La restriction nous paraît assez justifiée ; car enfin, il est bien évident que, si les Français seuls, devaient faire payer la serrure quatre francs au lieu de trois, ils n'auraient bientôt plus le moindre client ! Tel est l'état de la question. »

« Nous n'en voulons tirer pour aujourd'hui qu'une conclusion, termine *Le Promeneur* : *Les syndicats ouvriers devront fatalement en ce pays être internationaux.* »

Aujourd'hui la *Tunisie Française* pour rejeter les syndicats internationaux en est réduite à déclarer (1) que l'État est pour longtemps encore le principal employeur, et qu'il pourrait exiger jusqu'à 80 % d'ouvriers français sur ses chantiers, et comme on pourrait objecter que les ouvriers français, s'ils étaient mécontents pourraient faire grève, sans que les Siciliens non syndiqués les imitassent, et que l'État pourrait être amené à autoriser les entrepreneurs à recourir à la main-d'œuvre italienne, elle conclut ainsi : il n'y aurait qu'à déclarer que le droit de grève n'étant pas indispensable à l'ouvrier, on « instituerait une juridiction arbitrale à deux degrés qui aurait à connaître de tout conflit entre ouvriers et patrons ».

Nous ne pouvons pas évidemment accepter une telle proposition qui ne repose sur rien de précis, et nous admettons que les syndicats doivent être internationaux si l'on veut qu'ils obtiennent un résultat.

E. — Mais, il reste une dernière objection, la plus fondée peut-être de toutes, qui consiste à dire qu'une augmentation des salaires en Tunisie aurait pour effet immédiat d'attirer de nouvelles masses d'immigrants siciliens. Cela nécessiterait des mesures gouvernementales en vue de restreindre cette immigration et de la limiter aux besoins économiques du pays.

Nous avouons que c'est là le seul et l'unique défaut de l'élévation du prix de la main-d'œuvre ; elle devait tenter des Français ; elle tenterait également et dans une plus forte mesure les étrangers, ceux-ci étant moins favorisés que nos nationaux dans leur propre pays.

En résumé, de toutes ces critiques faites à tort et à travers, à la création de syndicats internationaux, une seule subsiste, mais celle-ci est très forte : c'est la menace des nouvelles arrivées de travailleurs étrangers (2). Quant aux mesures que

---

(1) *Tunisie Française*, N° du 31 octobre 1904.

(2) V. Colosio, p. 6 : « Le problème de l'émigration ne tardera pas à se poser aux organisations ouvrières naissantes. Déjà, au cours de la grève des maçons, le Résident général l'avait déclaré aux grévistes : « Si vos patrons, leur disait M. Pichon, veulent vous remplacer par d'autres de vos compatriotes venus d'Italie, je ne puis les en empêcher et alors vous aurez compromis votre sort. » Un fabricant de pâtes alimentaires, dans une lettre rendue publique, faisait savoir qu'il

l'on pourrait prendre, pour enrayer ces arrivées, elles ne nous paraissent ni justes, ni commodes : il est toujours dangereux de vouloir s'opposer par la loi au développement normal des phénomènes économiques.

Mais, nous le répétons, nous ne voyons aucun danger national dans la création de ces syndicats internationaux : et notre opinion se trouve confirmée par deux faits.

Le premier c'est que les journaux les plus italianistes de la Régence combattent avec violence les idées d'associations corporatives internationales des ouvriers pour la défense de leurs salaires.

C'est ainsi que le journal l'*Unione*, qui est surtout l'organe des intérêts de la bourgeoisie capitaliste italienne de Tunis, a toujours combattu les syndicats internationaux. Et au moment des grèves de 1904, le quotidien italien de Tunis, qui est spécialement le porte-voix des classes aisées, devant le geste libérateur des grévistes, ses compatriotes, a négligé de leur donner son appui sans réserves. Cette feuille s'est toujours contentée d'exalter en termes dithyrambiques leur endurance au travail, de tomber en extase devant la sobriété, l'obéissance passive et les modestes prétentions de ces travailleurs... Qualités surtout profitables aux entrepreneurs et aux autres capitalistes (1). Et cela se conçoit : « le jour où le travailleur italien lésé par son patron recourra au syndicat pour se faire rendre justice et ne sera plus contraint de s'adresser, comme aujourd'hui, aux associations italiennes, le syndicat aura rompu l'unité du bloc italien qui ne se maintient que par l'impossibilité où se trouve aujourd'hui le travailleur de nationalité ou d'origine italienne de se défendre contre l'exploitation du capitaliste en dehors des sociétés de même langue et de même nationalité dont l'entremise lui est nécessaire pour faire valoir ses réclamations » (2).

Le deuxième fait qui mérite d'appeler l'attention est celui-ci : une mesure toute récente vient d'être prise par le gou-

en grève. Un patron cordonnier ne voulant pas tenir des engagements avait écrit en Italie pour remplacer son personnel qui s'était déclaré qu'il avait pris par écrit, son magasin fut mis à l'index, et comme aucun ouvrier ne consentait à travailler pour lui, il s'adressa à Palerme (Italie) pour avoir d'autres cordonniers ; le syndicat (en formation) de la corporation s'adressa à la Bourse du Travail et au journal socialiste de la ville italienne, afin de mettre en garde les camarades contre ce patron récalcitrant et les engager à ne pas venir à Tunis. Enfin, un journal tunisien annonçait, le 18 mai, que *soixante-trois* ouvriers italiens étaient arrivés en Tunisie venant de Cagliari ; « Ces émigrants, ajoutait la feuille locale, sont attirés dans notre ville par les grèves. »

Voici donc que par la force même des choses, l'ouvrier italien — établi en Tunisie — touche du doigt le danger que peut avoir pour lui l'immigration dans la Régence de ses compatriotes d'Italie ; il y a là une question que les syndicats tunisiens sont appelés à examiner de près, au mieux des intérêts de la main-d'œuvre locale. »

(1) V. Colosio, *op. cit.*, p. 8 et 9.

(2) La *Dépêche Tunisienne*, n° 8 mars 1905. Extrait de l'*Humanité*, article de M. Jaurès.

vernement italien, répondant ainsi « doucement, ironiquement, aux préoccupations des inventeurs du péril italien. Le ministre de l'Intérieur a promulgué un décret enjoignant aux préfets du royaume de ne plus délivrer de passeports pour la Tunisie et par conséquent d'empêcher l'émigration de tous ceux qui ne seraient pas munis d'un certificat du comité du « Patronato dell' Emigrazione », prouvant que l'émigrant a un travail assuré dans la Régence ou qu'il y a des intérêts...

Le simple petit décret ruine à jamais le raisonnement de ceux qui nous disaient, sur tous les tons, que le gouvernement italien dirigeait, de parti pris, ses émigrants vers la Tunisie pour en faire une terre italienne » (1).

Faut-il tirer des conséquences plus lointaines, et déclarer que maintenant il n'y a plus à craindre le flot montant des Siciliens, qui rabaisserait aux taux anciens les salaires élevés momentanément par la création des syndicats internationaux ?

Les propagandistes des syndicats le soutiennent (2). Mais, nous qui défendons les syndicats, nous ne nous faisons pas semblable illusion: l'entrepreneur en difficulté avec ses ouvriers syndiqués, s'adressera directement à Palerme ou ailleurs, on lui recrutera de nouvelles équipes qui, ayant le travail assuré, rentreront dans la catégorie de ceux qui doivent obtenir un passeport. Le réservoir de la main-d'œuvre à bon marché, pour employer une expression courante,

---

(1) *Le Républicain*, 30 avril 1905. Cette mesure donnera satisfaction aux partisans de la main-d'œuvre sicilienne qui furent eux-mêmes un moment effrayés, comme le témoigne cet article de la *Dépêche Tunisienne* du 6 octobre 1904 : « Depuis deux mois, il est arrivé à Tunis près de quatre mille ouvriers italiens provenant en grande partie de la Sicile et de la Sardaigne.

« A chaque arrivée de courrier, c'est deux cents à deux cent cinquante de ces immigrants qui débarquent et que l'on voit, en longues files, attendre leur tour au service de vaccination d'abord, puis ensuite devant les bureaux du contrôle des étrangers.

« Actuellement, les travaux de construction, de terrassement et autres commencent à s'arrêter, et il y a relativement peu d'ouvrage.

« En attendant, que cela reprenne, tout ce monde, augmentant le nombre de ceux qui chôment déjà, s'entasse comme il peut dans des logis infects, malsains, trop étroits et mal aérés, où la moindre épidémie ferait des hécatombes.

« Certains quartiers, tels que la Porte de France, le square de la gare, les terre-pleins de la marine, la salle des pas-perdus de l'Office postal, le marché, regorgent de ces oisifs en quête de travail et aussi de ces loups affamés que la misère pousse aux pires expédients.

« Les hôpitaux, les asiles, les sociétés de bienfaisance et de secours peuvent à peine suffire au ravitaillement de celles de nos misères qui ont depuis de longues années acquis ici le droit de cité ; d'autre part, nos services de police et de sûreté, insuffisants depuis quatre ou cinq ans, seront infailliblement débordés si l'on n'oppose point une digue à l'envahissement déraisonné que nous signalons.

« L'hiver à tous égards s'annonce mal ; il sera pire si les pouvoirs publics ne prennent pas des précautions pour parer aux inconvénients d'une immigration que le pays ne peut plus supporter dans ces conditions ».

(2) *Le Républicain*, n° du 30 avril 1905, article de M. Beillon.

n'a donc pas fermé ses portes; l'immigration reste possible; les syndicats internationaux ne donneront pas vraisemblablement ce qu'on espère d'eux: un relèvement suffisant du taux des salaires pour permettre la main-d'œuvre française.

II. — *La législation ouvrière.* — De même en sera-t-il de la législation ouvrière dont l'inexistence en Tunisie avait été considérée comme une des causes empêchant le développement du peuplement ouvrier français.

Au point de vue agricole, une seule loi présente de l'intérêt pour nous: c'est la loi relative aux accidents du travail (loi du 8 avril 1898 et du 20 mars 1899). C'est aussi une de celles dont l'application est la plus réclamée à Tunis (Nous pourrions même à ce propos dire que les avocats politiciens sont à la tête de ce mouvement: cette loi est une belle source de clientèle).

Nous n'insistons pas davantage sur cette question, qui ne touche que fort peu les agriculteurs et les colons.

De ce qui précède, on peut conclure que les syndicats internationaux et l'établissement des lois protectrices du travail ne donneraient que de faibles résultats au point de vue du peuplement français, la main-d'œuvre sicilienne, meilleur marché quand même inépuisable encore pour longtemps, l'emportera (1).

Mais n'eût-elle pas le dessus au point de vue économique qu'elle l'aurait encore et toujours au point de vue physique, et il n'y a, à cela, aucun remède. On ne pourra pas échanger la nature, ni le climat tunisien, ni y adapter des habitants de notre pays.

La main-d'œuvre sicilienne reste donc bien la seule; c'est elle qui formera la petite colonisation; c'est elle qu'il faut s'attacher par tous les moyens possibles, soit en l'instruisant, soit en la naturalisant, soit en l'assistant.

§ 3. — *La nationalisation des Siciliens.*

I. — *Influence de l'école.* — Il n'est pas nécessaire de faire ici la démonstration de l'utilité de l'école comme moyen d'attirer à soi des éléments étrangers. C'est un fait unanimement reconnu (2) qu'elle est un « merveilleux instrument de nationalisation »; ceux qui ont suivi les mêmes classes sur les mêmes bancs, dans les mêmes établissements conservent entre eux des relations amicales, gages de la camaraderie ultérieure et de rapports cordiaux. En outre, l'enfant est bien, comme l'a dit quelque philosophe, cette cire malléable que l'on peut modeler à sa guise; les premiers enseignements qu'il a reçus de ses maîtres subsistent toujours.

---

(1) Il est même probable que l'unification des salaires, à supposer qu'elle se produise par les mesures étudiées ci-dessus, se ferait non pas en prenant pour base le salaire des Français, mais à un taux moyen entre le salaire des Français et celui des étrangers.

(2) Coirat, *op. cit.*, p. 10.

Dès lors, le jour où les petits Italiens auront, en fréquentant nos écoles, coudoyé leurs petits amis français, un grand pas sera fait (1).

Déjà, à Tunis, on constate la facilité avec laquelle les enfants italiens suivent les études de nos écoles : au 31 décembre 1903, il y avait 5.534 Italiens présents dans les écoles françaises, sur un total de 18.614 élèves (2), et ce chiffre devient plus éloquent si l'on considère que les écoles italiennes n'accueillaient elles-mêmes à la même date que 4.625 élèves italiens (3).

C'est en vain que la bourgeoisie italienne qui a senti le danger, et qui veut à toute force défendre l'italianité, tente de résister. Les conventions de 1896 ont reconnu aux écoles italiennes l'existence légale en Tunisie mais à la condition qu'aucun établissement nouveau ne serait créé dans la Régence par le gouvernement italien ou un de ses nationaux. De plus la France s'est réservée un droit d'inspection des locaux où fonctionnent les écoles. C'est en vain également que le personnel enseignant de ces écoles fait preuve d'un admirable dévouement dans la lutte courtoise qu'il soutient contre les instituteurs français. Rien ne saurait désormais arrêter les progrès de notre langue et de notre civilisation (4).

Il faudrait pousser encore dans cette voie, et, si nous ne pouvons fermer les écoles italiennes, créer de nouvelles écoles plus spacieuses et plus attrayantes pour amener à nous la plupart des enfants, et en fonder surtout dans les centres éloignés de Tunis où elles n'existent pas encore.

Quant aux fonds nécessaires, on les trouverait, dit un publiciste tunisien, assez facilement 5) : « On demanderait au patriotisme des grands colons les frais de première installation. Ce sacrifice serait certainement inférieur à celui que la presse nationaliste veut leur imposer en exigeant d'eux l'emploi de nombreux ouvriers français amenés tout exprès et

---

(1) Rapport d'un consul italien à son gouvernement : « C'est à l'école, et par l'école que s'accomplit le plus efficacement ce travail d'assimilation et d'attraction vers la nouvelle patrie... Se trouvant en contact avec leurs petits compagnons français, nos enfants contractent vite les habitudes, les idées, les sentiments que ceux-ci tiennent de l'éducation paternelle. D'autre part, professeurs et instituteurs ne cessent de leur vanter, comme c'est naturel, les gloires de la France et inculquent à leurs jeunes intelligences des préceptes qui les amènent à aimer ce pays de préférence à tout autre, au point de les rendre ensuite moins disposés à donner asile dans leur cœur à des sentiments de patriotisme italien. Rentrés chez eux, les enfants répètent à leurs parents, la plupart du temps gens simples et peu instruits, les choses apprises à l'école, et finissent par leur communiquer les mêmes sentiments d'amour et de préférence pour la nation française, concourant ainsi à déterminer en eux le devoir de la naturalisation. » Loth, *op. cit.*, p. 460.

(2) Loth, *op. cit.*, p. 450, d'après un renseignement fourni par M. Machuel, directeur général de l'enseignement public en Tunisie.

(3) Loth, *op. cit.*, p. 452.
(4) Loth, *op. cit.*, passim.
(5) Cattan, *op. cit.*, p. 90.

à grands frais en Tunisie. » On pourrait également trouver l'argent dans les excédents budgétaires de la Tunisie, qui auraient là une excellente occasion de se placer d'une manière fructueuse et utile à la colonisation (1).

Les enfants italiens qu'on aura ainsi instruits dans des sentiments français, il faut continuer à se les attacher en leur montrant un peu de bienveillance ; si l'ouvrier italien élevé dans des écoles françaises, trouvait ensuite dans la vie quotidienne « au lieu d'une défiance systématique, un esprit de justice et d'équité exempt des petites taquineries qu'on lui fait subir aujourd'hui, on peut être sûr qu'il ne faudrait pas longtemps pour lui faire aimer la France. Il perdrait l'habitude, dans toutes les circonstances un peu difficiles de sa vie, de se tourner vers le consulat d'Italie, il cesserait surtout d'identifier son intérêt avec son attachement à la mère patrie » (2 : il ne tarderait pas à demander la naturalisation. Ce jour-là, l'assimilation, la nationalisation de l'Italien sera faite.

II. — *La naturalisation*. — Actuellement la naturalisation est assez difficile à obtenir, non pas tant à cause des conditions de droit à remplir (3) (durée de la résidence, âge, etc.), mais à cause des formalités et des frais qu'elle entraîne, et peut-être aussi des charges qui ne sont point balancées par un nombre égal d'avantages. Ajoutez à cela que l'administration s'est montrée très et même trop parcimonieuse dans la délivrance des lettres de naturalisation (4).

Nous ne voudrions pas voir cependant renouveler l'expérience lamentable faite en Algérie des naturalisations en masse, dont les résultats ont été purement fictifs (5). Mais il faudrait faciliter l'acquisition de la qualité de Français, en en supprimant les frais, du moins en les diminuant ; la seule taxe de cinquante francs perçue comme droit de sceau, au profit du protectorat, étant presque prohibitive pour des gens qui gagnent de 7 à 900 francs par an dans les villes, et se contentent de moitié moins dans la campagne. Il faudrait

---

(1) M. Albin Rozet, député, dans la discussion du Rapport Chautemps à la Chambre (mars 1905) déclarait : « En ce qui concerne les écoles italiennes il conviendrait de demander à l'Italie qu'elles puissent relever de l'Inspection générale française.

Le nombre de leurs élèves est monté depuis huit ans de 2500 à 6000. Cette situation est au plus haut degré de nature à émouvoir notre patriotisme ».

(2) Cattan, *op. cit.*, p. 20.

(3) *Sur les conditions de la naturalisation en Tunisie.* V. de Dianous, p. 360 et suiv.

(4) D'après les chiffres officiels, il y a eu moins de cinquante naturalisés par an, en Tunisie de 1888 à 1898. Loth, *op. cit.*, p. 477 et M. Paul Leroy-Beaulieu a pu citer le cas « de familles établies dans la Régence depuis vingt ans, n'ayant plus aucune espèce de relations avec leur pays d'origine, parlant correctement notre langue et à qui on refuse la naturalisation, commettant là, dit-il, une lourde faute. » Loth, *op. cit.*, p. 480.

(5) V. Larcher, *op. cit.*, p. 212 et 221.

également assurer certains avantages matériels, comme la réduction du temps de service militaire, les concessions de terre à bas prix, l'exonération de certains impôts (2).

Nous croyons cette réforme facile, et utile au premier chef ; elle produit d'ailleurs ce curieux phénomène d'être attaquée et défendue à la fois par les gens appartenant aux mêmes partis. Comme le dit fort justement M. Bonhoure dans la *Dépêche coloniale:* « C'est là une des étrangetés les plus remarquables de la question que les italophobes nient et repoussent presque avec autant d'énergie que les italophiles la possibilité et la convenance de cette francisation. Sur ce point, le journal des intérêts italiens et le journal des italophobes sont, pour des motifs diamétralement opposés, exactement du même avis.

« Le journal italien affirme avec une assurance hautaine que ses compatriotes, fidèles au sentiment national, profondément attachés à leur « italianité », refuseront avec énergie la naturalisation à laquelle on voudrait les contraindre.

« Le journal français, au contraire, craint que les masses italiennes établies en Tunisie n'acceptent et ne recherchent la naturalisation dans le but d'en retirer les avantages inhérents à la qualité de Français, sans pour cela, renoncer à leurs sentiments profondément italiens. Ce serait, disent les italophobes, la submersion de l'élément vraiment français dans une masse demeurée hostile, si ce n'est ennemie.

« Je crois, que l'un et l'autre se trompent et sont loin de compte. Les naturalisations ne seront ni si promptes, ni si nombreuses que le redoute le journal français. Elles ne seront ni si rares, ni si peu volontaires que l'affirme le journal italien. Elles seront l'œuvre inévitable du temps et des circonstances. L'accoutumance et les intérêts sont les causes ordinaires qui produisent l'assimilation d'abord, qui rendent plus tard la naturalisation désirable, puis nécessaire.

« Il est bien évident que ce n'est pas parmi les immigrants temporaires que se recruteront les naturalisés. Mais il est infaillible que des immigrés qui auront réussi, pris racine, conquis l'aisance, la considération, l'influence même, se sentiront attachés à leur pays de résidence par tous les liens dont l'ensemble constitue la patrie ».

Et ceux-là, ajouterons-nous, seront pour nous aussi intéressants que les autres : nous achèverons de le gagner en procurant à tous les petits colons, sans distinction de races, à tous les travailleurs devenus propriétaires, les capitaux qui leur manquent pour mener à bien la culture de quelques arpents de terre qu'ils ont acquis à force de courage et d'économie, en un mot en les faisant participer au crédit agricole.

Guillaume ENRIQUEZ
Docteur en Droit
Avocat à la Cour d'Appel de Paris

(2) *Le Courrier Tunisien*, n° du 24 mars 1905.

PARIS
Imprimerie Robert, 77, Rue Rochechouart

1906.

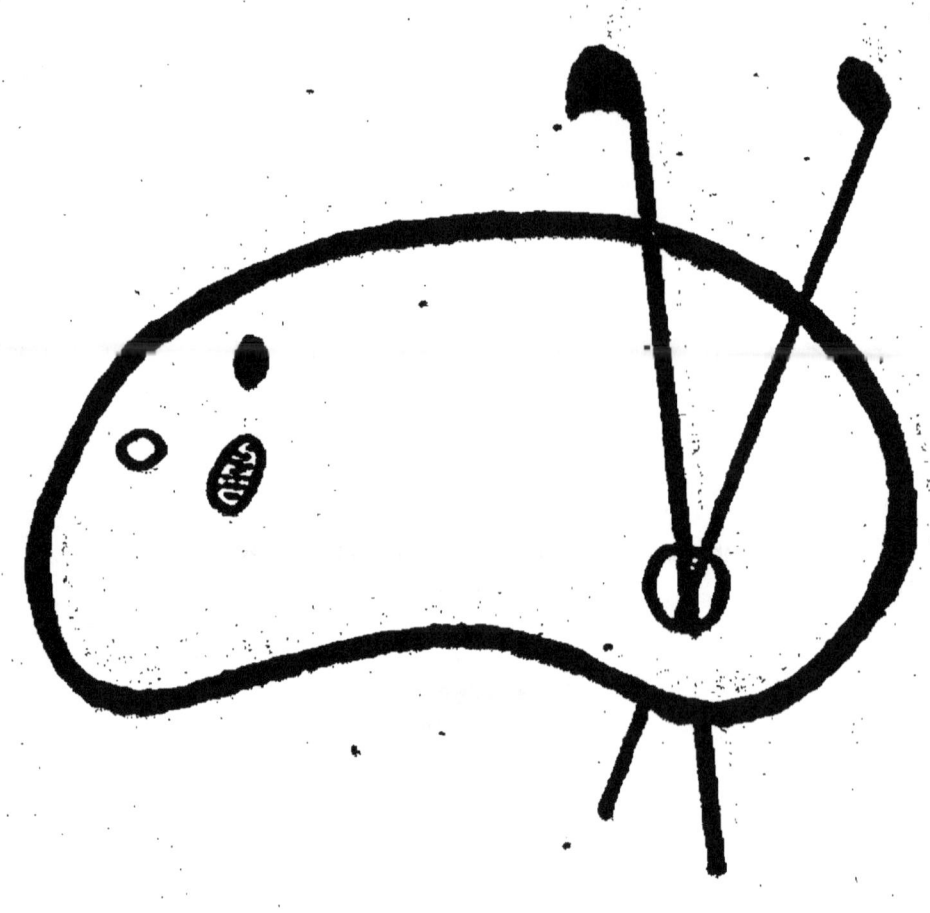

ORIGINAL EN COULEUR
N° Z 13-120-8

www.ingramcontent.com/pod-product-compliance
Lightning Source LLC
Chambersburg PA
CBHW060908050426
42453CB00010B/1606